A LA MÉMOIRE DE MON GRAND ONCLE,

A MON PÈRE ET MA MÈRE.

A tous ceux que j'aime.

THÈSE

POUR LA LICENCE.

EN EXÉCUTION DE L'ART, 4, TIT· 2, DE LA LOI DU 22 VENTOSE AN 12

SOUTENUE

PAR M. Jean-Pierre-Maurice CÉLIÉ ,

Né a Montjaux (Aveyron)

JUS ROMANUM.

—

INST. JUSTIN. LIB. III. T. F. I.

De duobus reis stipulandi, vel promittendi.

Hoc titulo de correati obligatione agitur. In primis hoc notandum est. Quando duo plures ve obligantur, singulos obligari pro rata ; et si duobus vel pluribus promittitur, singulis deberi pro rata. Exempli gratia, si Titius et Mævius promiserint centum, singuli debent quinquaginta, et, si Titio et Mævio promissa sunt centum, singulis etiam debentur quinquaginta. Hac in re talis est regula : obligationem inter promittentes et stipulantes ipso juue divisam esse.

At ista regula exceptionem patitur quotiescumque expresse constat ex stipulatu singulos solidum debere, vel singulis solidum deberi. Nunc quinam sint *rei* vel *correi* ? Sunt rei vel correi qui sibi in solidum ab alio stipulantur vel alio in solidum promittunt. Si duo vel plures eamdem rem sibi in solidum stipulantur, vocantur *rei stipulandi*; exempli gratia, si Sejus promittit Titio et Mævio ambobus tamquam uni et uni tamquam ambobus, adeoque singulis in solidum se daturum centum.

Si vero duo vel plures promittunt dicuntur *rei promittendi*; *exempli gratia*. Titius et Mævius promittunt ambo pro uno et unus pro ambobus, adeoque singuli in solidum se daturos centum.

Sed quid significet *reus* et cur uterque, stipulans et promittens ità dicantur ? Origo vocabuli trahitur à *re* : dicuntur nempe contrahentes *rei* quia in eamdem rem tradendam vel præstan dam consenserunt. Nunc, uterque dicitur, *reus* quia hîc *reus* non significat personam à quâ petitur aliquid in judicio, sed designat, eum qui contrahit; jam unus et alter contrahit; ergo uterque *reus* dicitur.

Jure pacta nuda non obligant; non aliter nempe civis romanus se obligare potest quam per stipulationem, correi ergo promittendi sunt qui ad eamdem interrogationem, solemnitate stipulationis adhibitâ congruè respondent, et *correi stipulandi*, qui eamdem interrogationem cum eâdem solemnitate faciunt. Exempli gratia, Titius stipulatur sibi in solidum mille aureorum à Mævio et Sejo, adeoque interrogat : *Hâc lege mille aureorum spondes mihi dare ?* respondent duo, et quidem primo Mævius, *spondeo*, postea Sejus, *et ego spondeo idem hoc.* Mævius et Sejus sunt rei promittendi. Nunc pronamus Mævium et Sejum interrogasse Titium, Mævius : *promittis mihi mille aureorum ?* Titius respondet, *promitto*; postea autem et Sejus rogat idem hoc, *tunc et mihi dubis islos mille aureos ?* et Titius respondet, *dabo.* Mævius et Sejus sunt duo rei stipulandi.

Obligationi correali hoc proprium est ut uterque solvat solidum ; ergo necesse non est , ut utrique à me conveniantur ; sed arbitrium mihi est agendi contra alterutrum et habeo jus totam summam petendi ; ita enim, ut uno solvente alter liberetur, et ab uno summâ quæ debebatur, semel consecutâ, amplius jus agendi non habeo.

Beneficium divisionis non competit correis, nisi simul pro se invicem fidejusserint. Tunc enim tanquam fidejussores beneficio isto gaudent , non tanquam correi ; quia hunc infinem correalis obligatio inventa est ne correis promittendi dividere obligationem liceat.

Item correi stipulandi singuli solidum consequi possunt ; igitur, si mihi et Titio mille aureorum Mœvius promisit, et ego et Titius possumus totam summam petere ; sed si ego totam summam consecutus fuerim, non amplius Titio jus agendi est ; quia Mœvius solvendo mihi liberatur. Et denique inter correos stipulandi observatur præventio. Præventio nempè in hoc consistit ut si quis prior ageret, alter deinde non potest agere.

Fingamus nunc unum ex correis solidum consecutum fuisse ; quànam actione alter ad partem secum communicandam adversus cum qui solidum consecutus est agere debeat ? Distinguere neccsse est : sint ne socii, an non sint. Si sint socii , habebunt inter se actionem pro socio ; hac nempe actio competit ad lucrum et damnum communicandum.

Quid , si socii non sint ? Sane *mandati actionem* inter se habere non possunt, quia qui consecutus est summam totam, non pro alio egit sed pro se ipso ; quoniam sibi solidum debebatur ; neque *negotiorum gestorum,* quia non alienum negotium gessit, sed suum. Nec denique ex *stipulatu* quia non inter correos stipulatio intercessit, sed inter correos et debitorem.

Attamen officio judicis compellitur communicare cum suis correis proratâ parte id quod consecutus fuit, ne alter cum alterius detrimento locupletior fieri possit.

CODE CIVIL.

—

Des diverses espèces d'obligations.

SECTION PREMIÈRE.

Des obligations conditionnelles.

1° *De la nature de la condition et de ses diverses espèces.* — Dans l'acception la plus étendue du mot, les conditions sont toutes les clauses des actes qui ont pour objet de suspendre l'obligation principale, de la résoudre ou de la modifier.

De la suspendre, comme lorsque je m'oblige de vous donner mon cheval, si tel navire revient ou ne revient pas d'Asie.

De la résoudre, lorsque je vends à condition de rachat.

De la modifier, comme lorsque en vous vendant un cheval, je stipule qu'outre le prix, vous ferez telle ou telle chose.

Une condition, dit Pothier dans son *Traité d'obligations*, part. II, chap. III, art. 1, § I, est le cas d'un événement futur et incertain, qui peut arriver ou ne pas arriver, duquel on fait dépendre l'obligation.

Les rédacteurs du Code civil ont adopté cette définition. Car, en nous disant ce que c'est qu'une obligation conditionnelle (1168), ils nous font connaître que la condition peut être *suspensive* ou bien *résolutoire*.

Pour qu'une obligation soit conditionnelle, il faut que l'événement auquel se trouve subordonnée sa force juridique, soit futur et incertain, de sorte qu'un événement accompli au moment où l'obligation est contractée, ne constitue pas, quoiqu'il soit encore ignoré des parties, une véritable condition.

De même l'obligation cesserait d'être conditionnelle, si l'événement duquel on la fait dépendre était certain, quoique futur ; ear, tout événement futur n'est pas par là même incertain ; s'il doit arriver nécessairement dans un temps quelconque, cet événement n'est qu'un terme qui retardera l'exigibilité, ou bornera la durée de l'obligation.

Considérée en elle-même, la condition est *positive* ou *negative* ; *positive*, quand elle consiste dans le cas où un événement arrivera ; *négative*, quand elle consiste au contraire dans le cas où un événement n'arrivera pas.

Les articles 1169, 1170, 1171, nous font connaître que la condition peut être *casuelle, potestative* on *mixte*, suivant que son accomplissement dépend, soit du hasard, soit de la volonté de l'une des parties, soit de l'une et de l'autre de ces causes.

L'art. 1172 dit que toute condition d'une chose impossible ou contraire aux bonnes mœurs, ou prohibée par la loi, est nulle et rend nulle la convention qui en dépend, à moins qu'il ne s'agisse d'une disposition entre-vifs ou testamentaires, cas auquel la condition impossible ou illicite est supprimée, pour rendre la disposition pure et simple.

Cet article est beaucoup trop absolu. Le législateur l'a bien compris lui-même, puisque dans l'article suivant, il en restreint l'extension ; néanmoins, malgré le tempérament apporté par l'article 1173, il est encore beaucoup trop rigoureux.

Les rédacteurs du Code civil, en empruntant à Pothier la disposition de son n° 204, dont ils ont fait l'article 1172, n'ont pas fait comme lui la distinction de la condition impossible ou contraire aux bonnes mœurs selon qu'elle est *in faciendo*, ou *in non faciendo*. Sans doute , il résulte de l'art. 1173 , que cette distinction les rédacteurs du Code civil l'on t faite pour la condition impossible , mais elle n'existe pas dans le Code pour les conditions contraires aux bonnes mœurs; et cependant Pothier, dans son n° 204, 4e alinéa, après avoir parlé de la condition impossible, *in non faciendo* dit : *mais la condition de ne pas faire une chose qui est contraire aux bonnes mœurs ou aux lois, peut rendre nul....* Donc, puisque cette condition peut seulement rendre l'acte nul , elle ne le frappe pas d'une nullité absolue; donc, aux yeux de Pothier , il est des cas où la condition *in non faciendo* , relative à des actes contraires aux bonnes mœurs ou aux lois ne rend pas nulle l'obligation qui en dépend.

Ainsi l'art. 1173 ne doit pas être restreint, uniquement, au cas dont il s'occupe ; il doit, au contraire, être souvent étendu à la condition de ne pas faire une chose contraire aux bonnes mœurs ou aux lois, et que ce n'est qu'alors que l'article en question sera réellement efficace pour faire disparaître ce qu'a de trop absolu et de trop rigoureux l'art. 1172. ˙

Nous lisons dans l'art. 1174 : Toute obligation est nulle , lorsqu'elle a été contractée sous une condition *potestative* de la part de celui qui s'oblige ; cet article est trop absolu, et on tomberait dans une erreur grave, si on prenait sa disposition à la lettre. Prenons une espèce : Paul a une maison qui touche à une de mes propriétés, sur laquelle il a des vues ; à la distance voulue par la loi, je construis un mur qui le prive de lumière et déprécie sa maison ; Paul vient à moi, et je m'engage à payer une somme que nous stipulons , si je n'abats pas le mur que j'ai élevé; c'est bien une obligation conditionnelle que je contracte; la condition est toute potestative de ma part, et cependant, tout le monde conviendra que je suis engagé valablement; mon voisin, si je n'abats pas le mur, peut exiger la somme convenue ; voilà ce que nous disent la raison et le sens moral; et cependant, si on applique L'art. 1174, qu'arrivera-t-il? C'est que l'obligation contractée par moi sera nulle de plein droit, et que je ne serai tenu à rien à l'égard de Paul.

2° Des règles relatives à l'accomplissement de la condition.
1175 à 1178.

Cet article, reproduit de Pothier, n° 206, tranche l'ancienne dispute sur le point de savoir si la condition doit nécessairement être accomplie dans les termes mêmes où elle est conçue *in forma specifica*, ou s'il suffit qu'elle le soit *per æquipolens*. Le code, avec Pothier et avec là raison, dit que les conditions doivent être accomplies suivant l'intention vraisemblable des parties.

L'art. 1176 nous donne la règle à suivre pour savoir quand une obligation est censée accomplie ou défaillie. Cet article ne s'applique qu'au cas où la condition est positive; il distingue selon qu'il y a un terme pour l'accomplissement de la condition, ou selon qu'il n'y en a pas eu de stipulé. Dans le premier cas, la condition est censée défaillie lorsque le terme fini est arrivé sans que l'événement d'où dépendait la condition soit survenu.

Dans le second cas, la condition est censée défaillie, quand il est devenu certain que l'événement qu'on attendait ne peut plus arriver.

Dans le cas où la condition arrive avant le terme fixé, l'obligation sera-t-elle immédiatement exigible? Nous croyons devoir nous prononcer pour l'affirmative, car ici le terme est tout-à-fait secondaire; il n'a été mis que pour que le débiteur ne se trouvât pas indéfiniment sous le coup d'une obligation non exigible immédiatement et dont l'exigibilité pourrait être indéfiniment retardée.

L'art. 1177 nous fait connaître la règle à suivre pour savoir quand une condition négative est censée accomplie, selon qu'il y a un terme ou qu'il n'y en a pas de fixé. Ainsi, quand il y a un terme, la condition est censée accomplie; quand le terme fixé est expiré sans que l'événement soit arrivé, ou bien quand il est certain avant le terme que cet événement n'arrivera pas.

La condition est réputée accomplie, dit l'art. 1178, lorsque c'est le débiteur, obligé sous cette condition, qui en a empêché l'accomplissement. La bonne foi doit régner dans les contrats : tout fait quelconque qui cause du dommage à autrui, oblige celui par la faute duquel il est arrivé à le réparer.

Il est cependant des cas où la condition n'est pas censée accomplie, bien que le débiteur en ait empêché l'accomplissement ; c'est lorsque ce dernier a mis obstacle à cet accomplissement en exerçant un droit légitime.

3° Des effets de la condition soit avant soit après son accomplissement.

La condition, tant qu'elle n'est pas accomplie, suspend l'existence du droit qui lui est subordonné ; néanmoins comme ce droit, quand il viendra à naître par la réalisation de la condition, sera toujours le produit de la convention parfaite dès l'origine, ces effets remonteront au jour de cette convention. Ainsi, effet de la condition non-accomplie, suspension du droit résultant de la convention, effet de la condition accomplie, le droit remonte au jour de la convention qui le fit naître.

De ce principe de rétroactivité il résulte : 1° que les aliénations, les hypothèques, les servitudes ou autres charges consenties par le possesseur du fonds, *pendente conditione*, sont anéanties par l'événement de la condition ; car le débiteur ne peut transmettre que les droits qu'il a lui-même ; n'ayant que des droits résolubles, il ne peut transmettre aussi que des droits résolubles ; 2° que tous les accroissements que la chose a reçus avant la réalisation de la condition profitent au créancier ; puisque les accroissements survenus à la chose profitent au créancier, il faudrait que les risques qu'elle court, *pendente conditione*, fussent aussi à sa charge ; c'est cependant ce qui n'a pas lieu ; car l'art. 1182, premier alinéa, dit : « Lorsque l'obligation a été contractée sous une condition suspensive, la chose qui fait la matière de la convention demeure aux risques du débiteur, qui ne s'est obligé de la livrer que dans le cas de l'événement de la condition. Le créancier peut, avant que la condition soit accomplie, exercer tous les actes conservatoires de son droit.

L'obligation conditionnelle donne au créancier un véritable droit, seulement ce droit se trouve suspendu quant à son exercice jusqu'au moment de la réalisation de la condition, et comme chacun a le droit de maintenir et de défendre ses droits du moment qu'ils sont nés, et partout de faire tous les actes nécessaires pour cette conservation, il s'ensuit que le créancier conditionnel peut exercer tous les actes conservatoires de son droit.

§ 2. — *De la condition suspensive.*
1181, 1182.

La condition suspensive est celle qui dépend d'un événement futur et incertain, ou d'un événement actuellement arrivé, mais encore inconnu des parties. Telle est la doctrine du Code; mais dans le second cas, celui où on la fait dépendre d'un événement actuellement arrivé, mais encore inconnu des parties, il n'y a pas de condition proprement dite, car ce cas manque de deux éléments essentiels à toute condition, c'est-à-dire que l'événement n'est ni *futur* ni *incertain*. La condition *suspensive* tient le droit, né de la convention en suspens; on est dans l'incertitude s'il existera ou s'il n'existera pas; ce qui fait que la chose, objet de l'obligation, reste aux risques et périls du débiteur, parce que le créancier ne peut non plus, quand l'événement d'où dépend la condition arrive, forcer son débiteur à remplir son obligation, car elle est éteinte faute d'objet. Si la chose ne périt qu'en partie, le droit reste entier. Il faudra voir si la perte est survenue par la faute du débiteur, ou bien si elle est l'œuvre de circonstances purement fortuites; dans le premier cas, le créancier peut ou résoudre l'obligation, ou exiger la chose dans l'état où elle se trouve; dans le second cas, il

2

pourra encore ou résoudre l'obligation, ou exiger la chose dans l'état où elle se trouve, en demandant en outre des dommages-intérêts.

§ 3. — *De la condition résolutoire.*

La condition résolutoire ne suspend point l'obligation, mais elle révoque l'engagement existant, qui est censé n'avoir jamais existé après l'événement. Ainsi, l'obligation est parfaite dès l'origine ; les parties doivent l'exécuter, seulement le droit du créancier est résoluble, l'arrivée d'un événement l'éteindra, le fera disparaître, tandis qu'elle fera renaître celui du débiteur qui se trouvait suspendu (1183).

Relativement à la condition résolutoire, il y a une distinction à faire : Ou elle consiste dans un événement qui ne dépend en aucune manière du fait des parties, ou elle a pour objet un fait qui dépend de l'une d'elles. Dans le premier cas, elle opère son effet de plein droit, sans qu'il soit besoin d'aucune demande en justice ni de jugement, et l'on peut exercer contre les tiers le droit qui en résulte; dans le second cas, comme si j'ai stipulé que l'obligation demeurera résolue, si vous faites, ou si vous ne faites pas telle chose, on ne peut exercer le droit résultant de la condition, qu'en le faisant ordonner par le juge, qui pourra accorder des dommages-intérets.

SECTION II.

Des obligations à terme.

L'obligation à terme est celle dont l'exécution a été réculée à une certaine époque qui n'est point encore arrivée. Ce qui distingue essentiellement le terme de la condition, c'est sa certitude ; en outre, il ne suspend pas le droit, mais seulement l'exécution ; l'effet du terme est de suspendre l'obligation jusqu'à son expiration.

Le terme est de droit ou de grâce. Il est de droit, lorsqu'il est établi par le titre duquel l'obligation découle, ou par un titre supérieur. Il est de grâce lorsqu'il est accordé par le juge.

Le terme de droit est exprès ou tacite, suivant qu'il est formellement stipulé, ou qu'il résulte de la nature même de l'obligation.

Le terme est, en général, présumé stipulé dans l'intérêt unique du débiteur, 1187. Il en résulte que ce dernier ne peut être poursuivi avant l'expiration du terme, à moins qu'il ne soit tombé en faillite ou en déconfiture, qu'il n'ait diminué par son fait les sûretés données par le contrat au créancier, ou qu'il n'ait pas fourni celles qu'il lui avait promises.

SECTION III.

Des obligations alternatives.

Par une même convention, on peut stipuler ou promettre deux ou plusieurs choses, de manière que le débiteur ne soit obligé d'en donner qu'une seule, c'est ce qu'on appelle obligation *alternative*; ainsi, d'après cette définition, le débiteur d'une obligation alternative se trouve libéré par la délivrance de l'une des deux choses qui étaient comprises dans l'obligation, 1189.

L'art. 1190, nous dit que le choix appartient au débiteur, s'il n'a pas été expressément accordé au créancier; c'est une conséquence de la règle d'interprétation consacrée par l'art. 1162, que dans le doute, la convention s'interprète contre celui qui a stypulé et en faveur de celui qui a contracté l'obligation.

Si le débiteur a le droit de choisir celle des deux choses qu'il veut donner, il ne peut pas forcer le créancier à recevoir une partie de l'une et une partie de l'autre, 1191. Car, ce serait violer la loi du contrat par lequel il s'est engagé de donner l'une ou l'autre chose ; réciproquement, si le créancier a le choix, il ne peut pas exiger partie de l'une des choses et partie de l'autre.

Si le débiteur meurt sans avoir fait son choix, sont droit passe à ses héritiers. Malgré l'opinion contraire de quelques auteurs, nous pensons que le créancier, transmet à ses héritiers, le droit de choisir, alors que le choix lui était déféré par le contrat, car les obligations et les droits passent aux héritiers tels qu'ils étaient dans la personne du débiteur ou du créancier.

L'action est pure et simple dans son principe, quoique contractée d'une manière alternative, si l'une des deux choses promises ne pouvait être le sujet d'une obligation (1192), car alors il n'y a jamais eu de choix à faire.

L'obligation, quoique alternative dans son principe, devient pure et simple, dit l'art. 1193, si l'une des deux choses périt ; parce que l'objet de l'obligation qui était une chose indéterminée entre deux choses déterminées, se trouve fixé à celle qui reste.

Si les deux choses ont péri, par la perte de la première, l'obligation était devenue pure et simple, car elle avait pour objet un corps certain et déterminé. La perte de ce corps certain et déterminé opère l'extinction de l'obligation (1195), à moins que l'une de ces choses ne soit périe par la faute du débiteur ; car alors il doit payer le prix de celle qui a péri la dernière (1193), la raison en est évidente, si c'est celle qui a péri par sa faute ; si c'est la première, on peut dire d'abord que le débiteur est libéré par la perte de la seconde des choses, car ayant le droit de disposer de la première, puisqu'il avait le choix entre les deux : en la perdant, il n'a fait qu'user de son droit, ce n'est donc pas sa faute si le droit du créancier s'est éteint par la perte accidentelle de la seconde.

Cet argument n'est pas très-sérieux, car par sa faute il a changé la situation du créancier. En effet, si la première des choses n'avait pas péri, elle eût resté pour satisfaire à l'obligation. Le fait du débiteur a donc causé préjudice au créancier, il doit réparer ce préjudice.

Par la même raison, si l'une des choses périt par la faute du créancier, le débiteur est libéré ; autrement, sa faute priverait le débiteur du choix qu'il peut faire.

Dans le cas où le choix avait été déféré au créancier par la convention, si l'une des choses périt par la faute du débiteur, le créancier doit avoir celle qui reste ; si le débiteur est en faute, le créancier peut demander la chose qui reste ou le prix de celle qui est périe (1194), autrement la faute du débiteur pourrait préjudicier au créancier, dans le cas où la chose restante est moins précieuse que celle qui a péri.

Dans le cas où les deux choses ont péri, si le débiteur est en faute à l'égard des deux, ou même à l'égard de l'une d'elles seulement, le créancier peut demander le prix de l'une ou de l'autre à son choix (1194).

Si les deux choses ont péri sans la faute du débiteur, et avant qu'il fût en demeure, l'obligation est éteinte (1195).

De la divisibilité.

Le principe qui plane sur les obligations en général , c'est que chacun est censé stipuler ou promettre dans son intérêt exclusif. C'est la traduction de la maxime *chacun pour soi*, aussi vraie dans la loi lorsqu'elle n'a mission de régler que des intérêts individuels, pour prévenir leur conflit, qu'elle est détestable dans le domaine de la morale privée et sociale.

Au-dessous de ce premier principe, et comme corollaire, vient s'en ranger un autre qu'on peut formuler ainsi : quand dans une même obligation, d'un côté ou de l'autre, pour stipuler ou pour promettre, viennent se grouper plusieurs individus, aussitôt et de plein droit la créance ou la dette se fractionne entre tous par portions égales. Pour être complète, la formule doit être élargie encore et s'étendre au cas où cet assemblage de personnes, n'existant pas à l'origine de l'obligation, provient de la mort d'un créancier ou d'un débiteur unique , laissant l'un ou l'autre plusieurs héritiers. Seulement, dans ce dernier cas, ce n'est plus l'égalité qui sert de base à la division, mais bien la quotité pour laquelle chacun représente le défunt.

Le second principe énoncé en un mot, c'est celui de la divisibilité des obligations multiples et des actions qui s'y rattachent. Les conséquences en sont infiniment simples.

En vertu de cette divisibilité, il ne reste entre les différents individus, qu'une sorte de juxtà-position, un voisinage qui, des uns aux autres, ne confère aucune faculté, qui n'impose aucune charge : autant de créanciers, autant de créances tout-à-fait indépendantes ; autant de débiteurs, autant de dettes complétement étrangères l'une à l'autre. Partant les actions suivent le même sort et se divisent de la même manière : dès-lors et en descendant à l'application, la demande d'intérêts ne vaut que pour celui qui la fait ou contre celui à qui elle est faite. Il en est de même de l'interruption et de la suspension de la prescription. C'est ainsi encore que l'insolvabilité de l'un des débiteurs reste à la charge du créancier.

C'est là le droit commun.

Mais, au principe de la divisibilité, la loi a créé deux dérogations importantes. Ce sont la solidarité qui va nous occuper immédiatement, et l'indivisibilité dont nous traiterons ensuite : prenons seulement note ici du caractère exceptionnel qui appartient à l'une et à l'autre, afin de ne pas trop élargir les dispositions que la loi leur consacre.

De la solidarité.

La notion la plus générale de la solidarité se compose de deux idées fondamentales, en dehors desquelles on ne comprendrait pas son existence. Unité et multiplicité existant à la fois et se combinant ensemble dans une même obligation, tels sont ses deux éléments essentiels et constitutifs : multiplicité, d'abord, des sujets entre lesquels elle existe; et puis unité absolue pour tous de l'objet sur lequel elle porte. Ce dernier trait, l'identité de la créance ou de la dette, est le signe caractéristique qui distingue l'obligation solidaire de l'obligation simplement conjointe.

Cela posé et arrivant au seuil de la matière, l'esprit tend de prime abord à établir une distinction tirée de la qualité et de la différence des sujets, sur la tête desquels repose la solidarité. Le nœud qui les relie les uns aux autres est formé en leur faveur ou bien contre eux; en un mot, ils sont créanciers ou débiteurs. De là, de l'activité ou de la passivité de leur rôle, surgissent deux catégories correspondantes d'obligations solidaires. Divisons-les aussi dans notre examen :

Section 1re. — *De la solidarité entre créanciers.*

L'obligation solidaire entre créanciers existe toutes les fois que chacun d'eux a le droit de demander le paiement du total de la créance, et que le paiement fait à l'un d'eux libère le débiteur. Cette solidarité ne peut résulter que d'une convention expresse entre parties ou bien d'une disposition de dernière volonté ; elle n'a pas une autre origine.

Pour embrasser, en deux mots, toute la théorie sur la matière qui nous occupe, pour bien comprendre la position respective des créanciers solidaires, l'étendue et la limite de leurs droits, il suffit de se les représenter comme associés entre eux et comme mandataires les uns des autres. Tout est là, c'est le principe; les conséquences se déduisent d'elles-mêmes.

1° En leur qualité d'associés, ils ont en définitive un égal droit au bénéfice de l'obligation. Chacun d'eux peut bien recevoir l'émolument entier des mains du débiteur, mais, à moins que le trite n'établisse le contraire d'une manière formelle, la créance est toujours considérée comme une propriété commune. Le paiement effectué, la répartition doit se faire; et dès l'instant où, par sa libération, le débiteur a mis en possession de l'objet l'un des créanciers, celui-ci en devient sous sa responsabilité personnelle, comptable vis-à-vis des autres.

2° A titre de mandataires, ils sont, chacun au nom de tous, investis du pouvoir, d'abord, de faire les actes destinés à assurer la conservation de la créance et le plein développemegt de ses effets, et puis de poursuivre et recevoir le paiement total.

Dans l'intérêt du maintien de l'obligation, les actes interruptifs de la prescription qui émanent de l'un d'eux, profitent aux autres. Il faut toutefois établir une précision bien importante. En matière de prescription, on distingue les causes qui l'interrompent d'avec celles qui la suspendent.

L'interruption provient de la volonté, d'un acte de l'individu; exemple : une citation en justice : la suspension tire sa source de la qualité de la personne, telle la minorité. La faveur de la loi ne doit s'étendre de l'un des créanciers à ses co-créanciers que dans le cas d'interruption. Quand la lettre ne militerait pas pour nous, l'esprit repousserait la solution contraire en vertu de la maxime: *jura vigilantibus sed non dormientibus succurrunt.* Le débiteur a d'autant plus de droit de s'abriter ici derrière cet adage juridique, que la solidarité lui fait une position exorbitante du droit commun. En second lieu, la demande d'intérêts formée pas un seul créancier les fait courir à l'égard de tous Cela s'induit de l'art. 1207, relatif à la solidarité entre débiteurs, et où l'on voit que la demande faite à l'un d'eux vaut contre tous les autres. L'analogie est parfaite, et la raison se touche du doigt ; car enfin faire produire à l'obligation tous ses effets, c'est là l'attribution que ce sont mutuellement déléguée les créanciers ; or, demander des intérêts, ce n'est pas faire autre chose. Les intérêts ne sont pas, à proprement parler, une augmentation de l'obligation primitive, une créance secondaire venant s'ajouter à la créance principale; non, c'est purement et simplement l'obligation première engendrant un effet qu'elle recélait en elle, c'est un de ces germes qui se développe.

La partie la plus simple et la plus connue du mandat entre créanciers solidaires, c'est le droit appartenant à chacun de demander et de recevoir le paiement intégral de la créance. Corrélativement à cette faculté, existe pour le débiteur celle de se libérer entre les mains du créancier de son choix. Elle cesse dès l'instant où il est prévenu par les poursuites de l'un d'eux. Il est saisi par cette action. Il ne peut pas s'en dégager, pas plus qu'il n'a à répondre à celles qui surviendraient mal à propos pendant le débat, pour le même objet.

Voilà dans quelles limites il faut circonscrire le mandat. Aller plus loin serait se jeter en dehors du cercle tracé par la loi. Ainsi il ne confère en rien le droit d'aliéner la créance dont chacun se réserve la propriété pleine et entière pour la part qui le concerne. La remise, la transaction, le serment décisoire qui n'est qu'une forme de transaction, le compromis, la novation, tout cela supposant la libre et absolue disposition d'un droit, n'a d'effet que contre le créancier de qui l'acte émane et pour sa part. La position des autres n'en est ni compromise, ni amoindrie.

La solidarité entre créanciers est très rare dans la pratique. Cela se conçoit : elle n'a guère d'autre but que de faciliter le recouvrement d'une créance, sans la consolider vis-à-vis du débiteur. Or ne peut-il pas se faire très aisément que le créancier qui aura reçu le paiement intégral, devienne insolvable ou de mauvaise foi ? Elle n'est stipulée donc que dans certains cas de confiance ou de nécessités exceptionnelles.

SECTION II. — *De la solidarité entre débiteurs.*

La solidarité entre débiteurs existe lorsque, obligés à une même chose, ils peuvent être contraints, chacun pour la totalité, et que le paiement fait par un seul libère les autres envers le créancier.

Mais de ce que l'objet doit être identique, il ne faut pas croire que les liens respectifs qui les rattachent à cet objet, doivent nécessairement être uniformes. De ce que ces liens convergent vers un centre commun pour s'y confondre, il ne faut pas conclure qu'ils doivent être égaux comme les rayons d'un même cercle. Non ; l'identité peut ne porter que sur l'essence, sur ce qui constitue le fond de l'obligation. Les modalités, les accessoires, comme la condition, le terme, peuvent différer au gré des conventions.

Entre co-débiteurs solidaires l'association et le mandat revêtent un caractère très onéreux par les éventualités auxquelles chacun se soumet.

C'est que dans l'organisation de ce système, le législateur a eu pour but d'ouvrir une source de crédit à ceux qui, isolés et livrés à leurs propres forces, n'auraient pas inspiré assez de confiance. Simplifier les poursuites, en permettant de les diriger contre un seul, constituer les obligés respectivement garants les uns des autres : tels ont été les moyens qu'il a mis en œuvre ; et, grâce à leur efficacité, l'emprunteur même qui a des immeubles, peut se dispenser assez souvent d'offrir la garantie toujours coûteuse, ruineuse parfois, de l'hypothèque.

Pour mettre quelque ordre dans l'étude de l'obligation solidaire qui nous occupe, nous examinerons d'abord ses sources, puis ses effets , ensuite son extinction, et enfin la position respective des codébiteurs après le paiement fait au créancier.

§ 1. — *Sources.*

Il y a deux causes qui peuvent engendrer la solidarité passive ; ce sont la volonté des parties et la loi. Il ne faut pas toutefois les placer sur le même plan ; car la première forme la règle, et est de beaucoup la plus féconde ; la seconde n'intervient qu'exceptionnellement et n'a d'influence que dans les cas spécialement prévus et déterminés.

Mais un principe commun à la solidarité volontaire et à la solidarité légale, c'est qu'elles ne peuvent jamais prendre leur source dans la présomption, ni dans l'induction. Il faut toujours ou la manifestation expresse de la volonté ou la disposition spéciale de la loi. L'esprit et la lettre veulent impérieusement cette condition. -

1° *Solidarité volontaire.* — Quoique la volonté doive être formelle, son expression pourtant, son mode de manifestation, ne dépendent d'aucun terme sacramentel. Ce qui importe seulement, c'est que la pensée soit nettement traduite, que l'intention soit bien saisissable. Quand il y a place au doute, le juge se rejette dans le droit commun.

Cette volonté génératrice émane des débiteurs et est par eux librement déposée dans une convention à laquelle le créancier intervient.

Quelquefois seulement, elle ne vient pas de leur initiative ; c'est lorsque, consignée dans une disposition testamentaire, elle est imposée avec
certaines obligations aux héritiers ou aux légataires.

Quand il y a convention entre le créancier et les débiteurs, il importe
peu que leur consentement mutuel intervienne simultanément ou suc-
cessivement. Le temps n'a pas d'influence, pourvu qu'il y ait réellement
accord et rencontre de volonté. Mais il faut prendre bien garde; il faut
que le contrat soit vraiment complet. Si, par exemple, plusieurs individus se contentaient, vis-à-vis d'un autre, de s'obliger à une seule
et même chose, mais sans lien entr'eux, sans association, sans qu'ils
s'agréassent mutuellement, il manquerait un élément essentiel; il n'y
aurait plus qu'une espèce de solidarité imparfaite, une obligation *in
solidum*. Le mandat faisant défaut, le créancier pourrait bien demander
la totalité à chacun, puisque chacun s'est engagé pour le tout; mais il
ne pourrait se prévaloir contre les uns des actes qu'il aurait pratiqués
contre les autres.

2° *Solidarité légale.* — Les cas les plus remarquables dans lesquels
la loi prononce la solidarité sont ceux des art. 55 du Code pénal et 22
du Code de commerce.

Le premier a trait aux condamnations pécuniaires pour crimes et
délits. Si le législateur a gardé le silence sur les contraventions, les
quasi-délits, en un mot sur tous les faits préjudiciables qui ne rentrent
pas dans les deux ordres d'infractions prévus, ce n'est certainement pas
un oubli qu'il soit loisible aux tribunaux de réparer. Non ; car com-
ment aurait-il pu oublier les contraventions en venant d'établir si nettement, à quelques pas de là, la triple division des faits punissables ?
Cela n'est pas possible. Ce que la loi a vu dans ce moment, c'est le caractère onéreux de la solidarité. Elle l'a envisagée comme une aggravation de peine. C'est à ce titre qu'elle l'a déposée dans la disposition
qui nous occupe. A-t-elle bien fait de la borner aux crimes et délits ?
Nous ne le pensons pas. Si une raison morale lui a inspiré l'art. 55, il
en est une autre tirée de la nature des choses qui lui commandait fata-
lement de l'étendre et de le rendre applicable à tous les faits domma-

geab!es. Cette raison, c'est l'indivisibilité du fait ; car autrement on arrive à des résultats bizarres et injustes. Un fait purement et simplement préjudiciable a été commis, sans pensée coupable aucune : comme il ne s'agit que de réparer le dommage, le taux pécuniaire sera le même, soit que l'acte émane d'un seul, soit qu'il émane de plusieurs; Supposez un seul auteur et supposez-le solvable, la perte sera intégralement réparée... Adjoignez-lui maintenant des co auteurs , et parmi eux des insolvables; par une étrange anomalie, le nombre, qui semblait devoir apporter des garanties au lésé, tourne à son détriment.

Le second s'applique à la société en nom collectif. Il faut y comprendre les associations en participation : et en cela, sans heurter la pensée du législateur, on se conforme aux exigences du commerce, et à l'intention des parties contractantes. Pour elle, l'association en participation est une société en nom collectif au petit-pied, faite au vol et à la hâte. C'est qu'en réalité elle en est un diminutif. L'urgence n'a pas permis de rédiger les statuts. Mais qu'importe aux tiers ? Ce n'est pas contr'eux d'ailleurs que, dans les sociétés commerciales, on peut se prévaloir du vice ou du défaut de formalités légales.

Nous signalerons encore les art. 1887, 2002 et 396 du Code civil, qui créent la solidarité, le premier entre commodataires, le second entre mandants, et le troisième entre la femme tutrice et le mari cotuteur.

2° *Effets.*

Il existe ici, entre la solidarité active que nous avons exposée et la solidarité passive qui nous occupe, une parfaite corrélation. Là, certains actes pratiqués par un seul créancier tournaient au profit de tous : ici ces mêmes actes, dirigés contre un seul débiteur, rejaillissent sur les autres; tels sont l'interruption de prescription et la demande d'intérêts. De même que là encore chaque créancier pouvait demander et recevoir le paiement intégral, de même ici, chaque débiteur peut être poursuivi et contraint pour la totalité de la dette.

La plus grande latitude est conférée au créancier dans l'exercice de ses actions. Il peut, à son gré, les diriger contre chaque débiteur isolément, contre quelques-uns à la fois, ou contre tous ensemble; il a le droit d'abandonner l'un pour se rejeter sur l'autre; il n'a pas à s'inquiéter de leurs convenances respectives, ni à se mêler des rapports qui existent entr'eux. Notons toutefois une tendance très sage de la jurisprudence; c'est d'autoriser le débiteur attaqué à mettre ses co-débiteurs en cause pour que le même jugement qui doit statuer vis-à-vis du créancier, statue aussi entr'eux. Beaucoup plus de célérité, et souvent beaucoup moins de frais : il y a là deux caractères de la bonne justice.

Voilà pour l'obligation solidaire se déroulant dans sa plus grande simplicité. Examinons maintenant deux circonstances qui peuvent venir en compliquer le jeu.

1° *Faute du chef des débiteurs.* — Rappelons d'abord quelques principes : Faillir à sa promesse n'est pas toujours un tort. Quelquefois le débiteur peut appeler à son aide l'axiôme : A l'impossible nul n'est tenu. Mais la faute commence pour lui dès l'instant où l'inexécution provient de sa libre volonté ou d'une impuissance qui est le fruit de ses œuvres et qui peut lui être imputée.

Il advient alors deux choses : L'obligation première se transforme et se résout en une somme d'argent représentative de la valeur intrinsésèque, de l'appréciation interne de l'objet primitif; puis une seconde obligation prend naissance, celle des dommages-intérérs destinés à réparer le préjudice extrinsèque, les pertes occasionnelles subies par le créancier.

La mise en demeure est considérée comme une faute par la loi et entraîne des dommages intérêts.

Cela posé, deux mots suffisent pour en faire l'application à l'obligation solidaire. S'agit-il de la valeur de l'objet primitif? Tous les débiteurs en sont solidairement tenus... S'agit-il des dommages-intérêts, ils ne regardent en rien et n'engagent nullement ceux qui sont demeurés étrangers à la faute ou à la mise en demeure.

2° *Exceptions opposables aux poursuites du créancier.* — Pressé par le créancier, le débiteur solidaire peut quelquefois repousser sa demande à l'aide de raisons légitimes. Les moyens qu'il met en œuvre prennent ici la dénomination particulière d'exceptions. Il en est de deux natures différentes : elles sont personnelles ou impersonnelles.

Les exceptions personnelles sont celles qui sont particulières à un débiteur et que lui seul a le droit d'opposer. Tantôt ce sera la qualité de mineur, d'interdit, de femme mariée qu'il mettra en avant. Tantôt il se prévaudra d'un vice qui infecte son consentement. S'il est certain qu'il a faculté de se prévaloir de tels moyens, il ne l'est pas moins qu'elle ne peut et ne doit appartenir qu'à lui.

Les exceptions impersonnelles sont celles qui sont communes à tous les débiteurs, ou que du moins tous peuvent opposer. Elles proviennent d'un vice radical inhérent au contrat, comme l'immoralité de l'objet, l'absence ou la fausseté de la cause; ou bien encore, elles prennent naissance dans l'extinction partielle de la solidarité ou de la dette. Quant à l'anéantissement total de l'obligation ou de la solidarité, il est par trop évident que, d'où qu'il vienne et sous quelque forme qu'il se révèle, il est acquis à tous comme l'exception par excellence.

Comme modes partiels d'extinction, et par rapport à notre matière, nous signalerons, avec le Code, la remise de la solidarité faite par le créancier à l'un des débiteurs et la confusion. Dans ces cas, les autres débiteurs ne sont plus solidaires et obligés que déduction faite de la part de leur codébiteur.

Et quant à la compensation, que faut-il décider? Que celui à l'occasion de qui elle naît puisse l'opposer, et qu'alors elle profite aussi aux autres, jusqu'à concurrence des valeurs compensées ; cela est tout naturel, cela ne fait pas question. Mais la difficulté s'élève à l'endroit des codébiteurs. Peuvent ils l'invoquer directement comme une exception? A s'en tenir judaïquement à la lettre de l'article 1294, cette faculté leur semb'erait tout-à-fait refusée. Mais ce système aboutit à un résultat inadmissible. Quand, après le paiement intégral, celui qui l'a effectué voudrait recourir contre les autres, le codébiteur à qui la compensation était propre s'en ferait une arme contre lui. L'autre alors, forcé de se rejeter sur le créancier qu'il vient de solder, serait contraint d'aller, non sans peine, reprendre d'une main ce qu'il aurait donné de l'autre. La loi française ne peut pas vouloir de tels ambages, de telles complications. Nous verrons ailleurs précisément quel soin elle met à éviter tous circuits d'actions. Aussi nous rangeons-nous à l'opinion de Delvincourt. Selon lui, l'art. 1294 ne fait qu'amoindrir l'exception tirée de la compensation et la resserrer dans de justes limites. Au lieu de pouvoir l'opposer en entier, comme celui à qui elle est propre, ses co-débiteurs ne peuvent s'en prévaloir directement que pour la part qui le concerne.

3° *Extinction....*

La solidarité n'a pas une existence juridique indépendante, une vie propre et fonctionnant isolément; elle n'est qu'un mode particulier, une qualité accessoire, un élément accidentel, qui, quelquefois, vient s'adjoindre à une obligation; c'est en celle-ci qu'elle puise sa vie; son sort en dépend; et quand l'obligation s'éteint, la solidarité, n'ayant plus de raison d'être, s'évanouit avec elle.

Dès-lors, tous les modes d'extinction de la dette mettent fin à la solidarité. Nous citerons, entr'autres : le paiement, la novation; la remise volontaire de la dette, lors même qu'elle est faite au profit d'un seul, mais sans réserve expresse vis-à-vis des autres; la compensation intégrale, lorsqu'elle est opposée par celui auquel elle est personnelle; et, comme présomption libératoire vis-à-vis de tous, nous rappellerons le serment déféré, sur l'existence de la dette, par le créancier à l'un des débiteurs et prêté par ce dernier.

A l'inverse, le principal pouvant exister indépendamment de l'accessoire, la solidarité pourra disparaître sans entraîner avec elle l'anéantissement de l'obligation. Celle-ci sera dénaturée, défigurée, sans doute mais enfin elle subsistera. Cela a lieu lorsqu'au lieu de porter sur la dette, la remise ne porte que sur la solidarité.

La remise de la solidarité est expresse ou tacite; et, dans ce dernier cas, la loi a pris bien soin de préciser les faits d'où on peut l'induire. Quel que soit son mode de manifestation, la remise au profit de l'un des débiteurs allége immédiatement le fardeau des autres de toute la part et portion du premier. À plus forte raison, en cas d'insolvabilité d'un ou plusieurs débiteurs, celui qui aura été déchargé de la solidarité en sera responsable, ni plus ni moins que les autres, et contributoirement avec eux; et cela est juste; s'il en était autrement, la faveur n'aurait été accordée à l'un qu'au détriment des autres. Les priviléges que le créancier pourrait dispenser ainsi, coûteraient peu à sa générosité, parce qu'il se rédimerait ailleurs par une aggravation de charge. Le législateur ne pouvait pas vouloir un tel abus.

4° *Réglement entre co-débiteurs.*

Quand, par le paiement intégral, le créancier a été mis hors de cause, et qu'il n'y a plus en présence que les co-débiteurs, le système juridique devient plus simple et plus facile. La loi française a fait justice de toutes les fictions et de toutes les subtilités romaines.

Comme, à moins de convention expresse et contraire, tous les débiteurs solidaires sont censés avoir eu un intérêt égal à l'obligation primitive, leur position respective doit être liquidée sur cette base. Aussi de l'extinction de la dette commune naît, en faveur de celui qui l'opère et contre ceux à qui elle profite, une obligation nouvelle; mais celle-ci rentre dans le droit commun, et elle se divise de plein droit entre tous les obligés.

Cette division, coupant court à un formalisme dispendieux, et mettant obstacle à tout circuit d'actions, ne permet au débiteur, devenu créancier, d'actionner ses co-débiteurs que chacun pour leur part et portion, en répartissant proportionnellement sur tous, le cas échéant, la part des insolvables. La subrogation légale de l'art. 1251, ainsi exclue, ne saurait être remplacée par la subrogation conventionnelle que le créancier primitif aurait consentie au nouveau en recevant le paiement; car, enfin, la division d'actions a été consacrée par la loi dans l'intérêt des débiteurs. Cette faveur serait illusoire si elle pouvait être ravie par une convention à laquelle ils resteraient étrangers.

Il va sans dire que, si l'affaire pour laquelle la dette solidaire avait été contractée ne concernait que l'un des coobligés, celui-là seul, sauf insolvabilité, pourrait et devrait être actionné.

Nous avons parcouru les principales règles de la solidarité; nous avons laissé seulement en arrière un point important, qui aurait trouvé peut-être plus naturellement sa place ailleurs; mais nous l'avons renvoyé à dessein jusqu'à ce moment, pour le rendre plus voisin de notre exposition sur l'indivisibilité; car ce point-là sert à établir, entre la solidarité et l'indivisibilité, une différence très saillante.

Nous avons vu des débiteurs solidaires en face d'un créancier commun, un débiteur unique en face de créanciers solidaires; entr'eux, la créance ou la dette est unique et identique; mais, dans l'un ou l'autre cas, qu'adviendra-t-il s'il survient un décès et plusieurs héritiers?

Que ce soit une créance ou une dette, les héritiers rentrent dans le droit commun. L'obligation active ou passive du défunt se répartit entr'eux suivant la part pour laquelle chacun le représente. Chacun n'est créancier ou débiteur que de la part qui lui est échue. Entre ces héritiers, la solidarité s'est évanouie, et le principe de la divisibilité a reparu.

Il n'en sera plus de même pour l'indivisibilité à laquelle nous passons.

De l'indivisibilité.

La théorie de l'indivisibilité a été regardée de tout temps comme l'épouvantail de l'école. Le livre obligé en cette matière c'est le Traité de Dumoulin, qui est devenu célèbre par son obscurité. On' a dit de ce Traité qu'il était un dédale inextricable. Grand nombre d'auteurs ne s'y sont, en effet, engagés que pour s'y perdre. Pothier a été plus heureux : le Code s'est approprié le résultat de son travail. Quelque part seulement il l'a mal copié.

Quant à nous, nous pensons avec plusieurs jurisconsultes que, dans cette matière comme dans toutes celles qui prêtent aux subtilités et aux arguties, il faut s'en tenir aux idées les plus générales. A vouloir creuser trop avant, à courir au-devant de toutes les hypothèses possibles, il y a beaucoup de danger pour la pratique et peu de profit pour la théorie.

Il ne faut pas perdre de vue notre point de départ. Divisibilité, solidarité, indivisibilité s'appliquent, avons-nous dit, aux obligations multiples. Nous devons ajouter qu'elles ne peuvent et ne doivent s'appliquer qu'à elles. C'est donc en vue de cette espèce d'obligations que la loi a établi son système de l'indivisibilité, comme celui de divisibilité et de la solidarité. Sans doute, dans l'obligation unique, dans celle où il n'y a qu'un créancier et qu'un débiteur, il y a bien une sorte d'indivisibilité, dans ce sens que l'exécution doit être une et ne peut pas être scindée. Mais tout est là, nulle difficulté ne peut surgir. Ce n'est donc que des obligations multiples qu'il est question ici. Peu importe, du reste, que la multiplicité des sujets existe à l'origine ou n'arrive que plus tard.

Il ne serait pas prudent de chercher à retracer d'avance dans une définition le caractère et les effets généraux de l'indivisibilité. Comme on en distingue plusieurs espèces, il y aurait beaucoup de difficulté à être parfaitement juste; et, après tout, on aurait peut-être quelque chose de plus confus que la notion générale elle-même qui, d'avance, est attachée au mot et à la chose à définir. Commençons donc par poser des distinctions....

Les auteurs, d'après Dumoulin, distinguent trois espèces d'indivisibilité, et les traces de cette division se retrouvent implicitement dans les dispositions du Code. Ces trois espèces sont : 1° l'indivisibilité naturelle

ou absolue ; — 2° l'indivisibilité intentionnelle ou contractuelle ; — 3°
et enfin, l'indivisibilité pour le paiement.

Nous réunirons les deux premières dans un examen commun, parce
que leurs effets sont identiques ; nous isolerons l'autre par un motif
contraire.

§ 1. — *De l'indivisibilité 1° absolue, 2° conventionnelle.*

La première existe lorsque l'objet de l'obligation n'est pas suscepti-
ble de division, soit matérielle, soit intellectuelle. Tel un droit de pas-
sage, par exemple. C'est là un droit qui ne peut pas se décomposer ; on
ne passe pas en fait, et l'esprit ne conçoit pas qu'on puisse passer pour
partie, pour un tiers, pour un quart.

La seconde a lieu lorsque l'objet étant par nature divisible ou maté-
riellement ou intellectuellement, il cesse de l'être cependant au point de
vue où se sont placées les parties et sous le rapport qu'elles ont envisagé ;
exemple : l'obligation de construire un édifice. Rien n'empêche ici que
chaque obligé, en s'engageant, et si tel est le bon plaisir des contractants, ne prenne un rôle à part, mais, si au lieu de cela tous s'obli-
gent abstractivement à batir tel édifice, le fait devient indivisible, et ce
sera notre cas.

Ces deux espèces d'indivisibilité ont cela de commun, qu'elle se ti-
rent de l'objet de l'obligation. Mieux que cela, leur distinction n'a qu'une
valeur spéculative, car leurs effets sont de tout point identiques, et les
règles qui les régissent sont les mêmes. Il n'y aura donc jamais dans
la pratique à se préoccuper de la question de savoir si l'indivisibilité
est absolue ou conventionnelle, puisque les résultats ne changeraient
pas devant la différence des solutions...

Maintenant quels sont leurs effets ?

Il en a qui leur sont communs avec la solidarité. — Ainsi, le paiement total peut être demandé par chaque créancier ou exigé de chaque
débiteur. — L'interruption individuelle de la prescription vaut pour

tous ou contre tous. — La remise consentie à un seul des débiteurs par le créancier profite à tous. — La remise consentie au débiteur commun par un seul des créanciers ne vaut que contre ce dernier; dans ce cas, l'exécution devra être totale; sauf le droit de l'obligé à une somme équivalente à celle pour laquelle il avait été libéré.

Il est d'autres effets qui diffèrent de ceux de la solidarité. — Un des plus importants et que nous avons déjà signalé en parlant de la solidarité, c'est que dans les deux espèces d'indivisibilité qui nous occupent, l'obligation conserve toute sa force et son caractère primitif, en passant du créancier ou du débiteur à leurs héritiers. — La loi confère expressément, en principe, au débiteur actionné le droit de mettre ses codébiteurs en cause. — Lorsque l'obliigation se résout en une somme d'argent, chaque créancier ne peut demander et chaque débiteur n'est tenu de payer que sa part. — Lorsqu'il y a une clause pénale, elle n'engage ceux qui ne l'ont pas encourue, qui n'y ont pas contrevenu, que pour leur part et portion...

§ 2. — *De l'indivisibilité pour le paiement*

Cette troisième espèce d'indivisibilité existe losque l'objet de l'obligation étant divisible, et naturellement et au point de vue où se placent les parties, celles-ci ont voulu cependant que l'exécution ne pût pas se scinder et se faire par portions.

Ici, on le voit, l'indivisibilité n'est plus puisée dans la nature réelle ou conventionnelle de l'objet : Elle n'apparaît que comme mode d'exécution. Aussi, à proprement parler, ce n'est pas l'obligation qui est indivisible, mais bien le paiement.

A part cette différence spéculative, les résultats sont les mêmes, sauf en un point très important, mais infiniment simple. Nous avons vu que, dans les deux premières espèces, l'indivisibilité subsiste pleine et entière, d'abord vis-à-vis de plusieurs créanciers ou de plusieurs débiteurs, et puis vis-à-vis des héritiers, des contractants, sans distinction de créanciers et de débiteurs. Mais ici il n'en est plus de même : elle n'existe jamais par rapport à plusieurs créanciers, soit primitifs, soit héritiers d'un créancier unique, mais seulement par rapport aux héritiers du débiteur.

Le Code signale (art. 1221) cinq cas d'invisibilité pour le paiement. Mais nous pensons avec M. Marcadé, que le 1er et le 3e ne rentrent pas dans l'espèce. Dans le premier, qui n'appartient à aucune espèce d'indivisibilité, le législateur a perdu de vue le caractère réel de la dette hypothécaire, et ne s'est pas aperçu que le créancier s'en prend à l'immeuble hypothéqué et non à l'héritier détenteur. Pour le troisième, où il s'agit d'une dette alternative de choses, aux choix du créancier, dont l'une est indivisible, ce n'est plus notre espèce; l'indivisibilité qui pourra survenir portant alors sur l'obligation, ce sera l'indivisibilité absolue ou conventionelle.

SECTION VI.

Des obligations avec clauses pénales.

La clause pénale, comme l'indique le mot, est celle qui impose à une personne la nécessité de payer une somme ou autre chose, pour la punir de n'avoir pas exécuté une première obligation ou d'avoir tardé de l'exécuter. Ainsi, l'objet de la clause pénale est d'assurer l'exécution d'une première obligation. Elle suppose donc nécessairement deux promesses, deux stipulations; prenons une espèce : Je vous promets de vous construire une maison dans six mois, et si je ne la construits pas dans ce délai, je vous promets de vous donner 1,000 fr. Dans cet exemple on aperçoit deux promesses distinctes, et par suite deux obligations, l'une primitive, pure et simple, l'autre secondaire et conditionnelle

L'obligation primitive est irrévocable et actuelle, s'il n'y a pas de terme. L'obligation secondaire est purement éventuelle, son existence dépend de l'événement de la condition. Quoique devenue actuelle et parfaite par l'événement de la condition, l'obligation secondaire n'anéantit pas l'obligation primitive ; elles subsistent ensemble, seulement l'art. 1229 nous dit que le créancier ne peut régulièrement exiger l'accomplissement des deux ; qu'il ne peut exiger à la fois la peine stipulée et l'exécution de l'obligation primitive ; il faut qu'il choisisse entre l'un et l'autre ; cependant si la clause pénale a été stipulée pour réparation des dommages et intérêts que doit souffrir le créancier, à cause du retard ou de l'infraction aux engagements qu'a contractés l'obligé, la peine sera encourue et exigible sans préjudice de l'obligation primitive.

Si l'obligation primitive est sans terme, le créancier peut en demander l'accomplissement de suite ; si elle est sans terme, et que l'obligation secondaire et pénale soit à terme, par exemple, lorsque j'ai promis d'abattre le mur qui vous prive de jour, et si je ne l'abats dans six mois, de vous payer 500 fr., vous ne pouvez, à la vérité, exiger la peine de 500 fr. avant l'expiration des six mois ; car je ne m'y suis soumis que dans le cas où je négligerais pendant six mois d'abattre le mur, mais je n'ai pas mis de terme à l'obligation d'abattre le mur : elle est pure et simple, elle est exigible sans délai. Si donc vous voulez renoncer à la peine de 500 fr., qui ne peut être encourue qu'à l'expiration des six mois, vous pouvez me faire condamner à abattre le mur, ou vous faire autoriser à l'abattre à mes dépens ; car le créancier, au lieu de demander la peine stipulée contre le débiteur qui est en demeure, peut poursuivre l'exécution de l'obligation principale.

La peine encourue par celui qui meurt sans l'avoir payée, se divise de plein droit entre ses héritiers, comme toute autre dette, en sorte que chacun d'eux n'en est tenu que pour sa part héréditaire.

Si, après la mort de celui qui s'est obligé sous une clause pénale, tous ses héritiers y contreviennent, la peine encourue se divise également entr'eux. Chacun n'est tenu que pour sa portion virile ; car il n'existe pas de loi qui prononce en ce cas la solidarité contre eux.

Si un seul d'entre eux contrevient à la clause pénale, la peine n'est encourue que par lui seul, et pour la part seulement dont il est tenu dans l'obligation primitive, sans qu'il ait d'action contre ceux qui l'ont exécutée, lorsque cette obligation est divisible.

Cette règle reçoit exception lorsque la clause pénale ayant été ajoutée dans l'intention que le paiement ne pût se faire partiellement, un co-héritier a empêché l'exécution de l'obligation pour la totalité. En ce cas, la peine entière peut être exigée contre lui, et contre les autres co-héritiers pour leur part et portion.

Lorsque l'obligation primitive, contractée avec une clause pénale, est d'une chose indivisible, la peine est encourue par la contravention d'un seul des héritiers, et elle peut être demandée, soit en totalité contre celui qui a fait la contravention, soit contre chacun des co-héritiers pour leur part et portion, et hypothécairement pour le tout, sauf le recours contre celui qui a fait encourir la peine (1232),

L'art. 1231 nous dit que lorsque l'exécution principale a été exécutée en partie, le juge peut modifier cette peine. Il faut remarquer que cette réduction de la peine, lorsque l'obligation primitive a été exécutée en partie, n'est pas de droit; c'est une faculté abandonnée à la prudence du juge, qui peut, suivant les circonstances, ordonner ou rejeter la réduction.

La réduction de la peine n'étant relative qu'à l'intérêt privé des contractants, ils peuvent déroger à la disposition qui permet au juge de modifier la peine, et stipuler qu'elle ne pourra l'être, quand même l'obligation primitive aurait été exécutée en partie; dans ce cas le juge ne pourrait prononcer la réduction sans violer la loi du contrat.

La clause pénale ajoutée à une promesse impossible, contraire aux bonnes mœurs ou prohibée par la loi, est nulle, puisque c'est l'exécution de cette promesse qui est la condition de la clause pénale.

Elle est nulle encore, lorsque la convention primitive, sous la condition de laquelle la peine a été stipulée, est infectée d'un vice qui en opère la nullité radicale, tel que le défaut de consentement, la violence, le dol; la réciproque n'a pas lieu, car l'obligation primitive est valable malgré la nullité de la clause pénale (1220).

CODE DE COMMERCE.

—

Des assurances.

De l'objet des assurances.

L'assurance maritime est établie pour garantir aux hommes l'indemnité en cas de perte des choses qu'ils ont exposées aux dangers de la navigation: D'où il suit que l'assurance ne peut avoir pour objet que les choses appréciables en argent à la conservation desquelles l'assuré doit avoir un intérêt direct ou indirect.

Si la police d'assurance ne spécifie pas la nature du danger auquel peuvent être exposées les choses assurées, toute fortune de mer est aux risques des compagnies. L'assuré, disions-nous, doit avoir un intérêt direct ou indirect à la conservation de la chose, d'où il faut conclure que la clause *sans intérêt* insérée dans l'assurance n'est pas valable; autrement, l'assurance dégénèrerait en *pari*. Mais l'assurance n'est pas nulle, par cela seul que cet intérêt n'y apparaît pas expressément; car, en pareille circonstance, la présomption est que l'assuré n'a pas eu l'intention de frauder.

L'assuré doit-il avoir le droit de propriété sur la chose assurée? Cela n'est pas nécessaire. Il suffit qu'il justifie d'y avoir un intérêt ou un un droit quelconque. C'est en vertu de ce principe que la cour de cassation a décidé que le locataire peut faire assurer la chose dont il a la possession.

L'assurance, étant un contrat, doit avoir une cause licite. Quant aux objets de contrebande , il faut distinguer : la contrebande à l'étranger ou dans l'intérieur. Si l'assurance est relative aux objets de contrebande à l'étranger, elle n'est pas nulle, bien qu'elle soit contraire aux lois internationales. Toutefois, si la cause en était illicite, par exemple, la contrebande, pour fournir des armes à l'ennemi de son pays, elle serait nulle. Il en est de même, si elle s'exerce à l'intérieur.

D'après l'art. 334, l'assurance peut avoir pour objet, le corps et quille du vaisseau, vide ou chargé, armé ou non armé, seul ou accompagné, les agrès et appataux, les armements, les victuailles, les sommes prêtées à la grosse, les marchandises de chargement, et toutes autres choses ou valeurs estimables à prix d'argent, sujettes aux risques de la navigation. Elle peut être faite sur le tout ou sur une partie desdits objets, conjointement ou séparément.

En règle générale, l'assurance du navire s'étend tacitement à tous ses accessoires, tels que les agrès, victuailles, etc. Cependant, s'il s'agissait d'un armement nécessaire pour atteindre un but particulier, il doit être assuré par une clause expresse.

L'assuré se propose, par contrat d'assurance, d'être indemnisé de toutes les pertes qu'il pourrait éprouver par suite de la non heureuse arrivée de la marchandise. D'où il suit que l'assuré, en cas de perte, doit avoir droit à la valeur que ses marchandises avaient au lieu du *risque* ou bien à celle du lieu du *sinistre*. Pour les assurances terrestres on applique ce dernier mode. Pour les assurances maritimes, la coutume commerciale a adopté une base fictive d'évaluation, à cause de l'impossibilité où l'on est de déterminer le jour auquel serait arrivée la marchandise ou de fixer la valeur au lieu du sinistre. Le chiffre le plus élevé de la valeur de la restitution ne peut jamais excéder : 1° la valeur réelle au moment de la prise du risque; 2° tous les accessoires ajoutés à cette valeur pour la livrer aux dangers de la navigation.

L'assureur est aussi exposé à encourir les risques de la navigation; car si l'objet exposé périt, il est tenu d'en payer l'indemnité. En conséquence, lui aussi, doit avoir droit de se mettre à l'abri de ce danger, en faisant réassurer par d'autres les effets qu'il a assurés. C'est ce que lui permet expréssement l'article 432 portant · « L'assureur peut faire assurer par d'autres les effets qu'il a assurés. » Mais doit-il déduire du montant de l'assurance première la valeur de la prime consentie? Comme l'assureur est aussi obligé de payer la prime au réassureur, il s'opère une compensation; en conséquence, il n'est obligé à aucune déduction du montant de l'assurance première.

Le même article permet à l'assuré de fa re assurer le coût de l'assurance. Car, la prime de l'assurance n'est qu'un nouveau déboursé ajouté à la valeur du navire ou à celle de la marchandise. Or, cet accessoire peut parfaitement former l'objet du contrat d'assurance. La prime peut être assurée par l'assureur principal; ce qui se fait dans la pratique, en déclarant dans le contrat que l'assurance comprend sa prime et la prime de la prime. Par exemple, en assurant ma marchandise qui vaut 100,000 francs, pour 10,000 francs, je puis encore assurer ces 10,000 francs, ce qui me donnera en tout 110,000 francs d'assurés. Je puis encore assurer la prime de la prime; ce qui s'appelle *clauses d'assurances de prime de la prime.*

Il n'y a pas de doute que le créancier hypothécaire n'ait le droit de faire assurer: les biens de son débiteur, par exemple, sa maison. Mais en cas d'incendie, aura-t-il un droit exclusif sur le prix de sa maison incendiée? Cette question a été résolue dans ce dernier sens; car, dit-on, ce prix est substitué à la maison même. Toutefois, cette opinion doit être repoussée. Il n'est dit nulle part que l'indemnité payée par la compagnie d'assurances en cas d'incendie représente la maison incendiée. Le prix représente bien la chose achetée. Mais l'assurance n'est pas une vente, c'est un contrat aléatoire; ce qu'elle représente, c'est la prime donnée à l'occasion de cette maison.

L'ordonnance de la marine, août 1681, liv. III, tit. VI, art. 10, défendait expressément de faire aucune assurance sur la vie des personnes. Toutefois, l'art. suivant ajoutait : « Pourront néanmoins, ceux qui rachèteront les captifs, faire assurer, sur les personnes qu'ils tireront d'esclavage, le prix de rachat, que les assureurs seront tenus de payer, si le racheté faisant son retour, est repris, tué, noyé, ou s'il périt par autre voie que par la mort naturelle. » D'après le droit moderne, il faut distinguer : Sans doute la vie des hommes, étant inappréciable, ne peut être en principe l'objet du contrat d'assurance. Mais rien n'empêche d'assurer un intérêt appréciable en argent, qu'on peut aisément concevoir à l'occasion de cette vie. Ainsi, par exemple, je vais faire un voyage d'exploration, j'emprunte de l'argent pour faire ce voyage, je peux assurer ma vie en vue d'assurer le paiement de ma dette.

L'art. 9 de la même ordonnance promettait à tous navigateurs, messagers et autres de faire assurer la liberté de leurs personnes. Aujourd'hui, cette opinion est professée par tous les auteurs, même par ceux qui ne reconnaissent pas pour valable l'assurance de la vie. Ce n'est pas, en effet, la liberté elle-même, qui n'est pas appréciable en argent, qu'on assure, mais bien la perte de la liberté qu'on rachète.

Dans des vues morales, le législateur déclare nul le contrat d'assurance s'il a pour objet le fret des marchandises existant à bord de navire, le profit espéré des marchandises, les loyers des gens de mer, les sommes empruntées à la grosse.

DROIT ADMINISTRATIF.

—

De la juridiction gracieuse des préfets.

La juridiction gracieuse des préfets est fort étendue. Ils ont reçu de la loi la mission de préparer et de faire exécuter les arrêtés de l'administration supérieure. Nombre d'auteurs ont écrit sur les attributions des préfets. Entre autres on peut consulter MM. de Cormenin, de Gerando, Macarel, Proudhon, Cotelle, Foucart, Chevalier, Lerat de Magnitot et Delamare, Serrigny, Laferière, Husson, Lamarquière, Dufour et autres.

La loi du 28 pluviose an VIII, dispose : Art. 2. Il y aura dans chaque département un préfet, un conseil de préfecture et un conseil général de département, lesquels rempliront les fonctions exercées maintenant par les administrations et commissaires de département.

Art. 3. Le préfet sera chargé seul de l'administration.

Cette loi à elle seule donne une fort mince idée des attributions des préfets. C'est dans les lois subséquemment rendues qu'il faut en chercher les développements. Ces lois attribuèrent à ces fonctionnaires tout ce qui concerne l'administration départementale.

Nous disions tout-à-l'heure que leur mission se bornait à préparer et à faire exécuter dans le département les arrêtés de l'administration supérieure. Mais une foule de lois postérieures leur confèrent le droit de faire directement divers actes d'administration.

Par exemple, la loi du 30 juin 1838 sur les aliénés confère aux préfets le droit de prendre des arrêtés relatifs à la maintenue ou à la sortie des personnes retenues dans les établissements d'aliénés. (Bullet. off. 1839 p. 383. — Art. 16, 18, 19). Cependant s'il y a contestation sur l'obligation de payer ou sur la quotité de la dépense, ce sont les tribunaux judiciaires qui statuent. Art. 27 de la même loi et les observations de M. Duvergier, t. 38, p. 507, note 3.

D'après la loi du 28 pluviose an viii, la loi organique de l'administration placé, à côté des préfets, un agent collectif, connu sous le nom de *conseil de préfecture*. Ce conseil est d'une haute utilité pour les préfets. Car, étant rarement plusieurs années dans le même département, ils ont toujours besoin des lumières de ce corps pour s'éclairer dans les diverses branches de l'administration. Toutefois les préfets ne sont pas tenus de suivre l'avis du conseil de préfecture.

Dans quelques cas, l'avis de ce conseil est obligatoire pour les préfets. Mais même dans cette hypothèse ils ne sont pas tenus de le suivre.

Les attributions gracieuses des préfets s'exercent dans une foule de cas, dont les principales sont relatives aux aliénés, ateliers insalubres, biens nationaux, bois et forêts, chemins vicinaux, communes, comptabilité, conflit, contributions et cadastres, cultes, départements, dons et legs, eaux, eaux minérales, élections, établissements publics, expropriation, garde nationale, imprimerie et librairie, industrie, commerce, agriculture, instruction publique, marais, mines, police, pompes funèbres, tabacs, travaux publics, théâtres, voirie, et autres.

Ainsi, par exemple, en matière d'aliénés, le préfet statue sur l'arrêté du maire qui, par des motifs de sûreté publique, ordonne le sursis provisoire à la sortie d'un individu renfermé dans un établissement d'aliénés et qui est réclamé par ceux à qui la loi accorde ce droit. Il est à remarquer que ce sursis cesse de plein droit si la quinzaine écoulée, le préfet n'a pas donné d'ordre contraires. Ils arrêtent le tarif de la dépense de l'entretien, du séjour et du traitement des personnes placées dans les hospices et autres établissements publics. Cependant, l'application du tarif pourrait donner lieu à des réclamations contentieuses.

M. Dufour croit que ces réclamations doivent être portées devant les conseils de préfecture, sur le fondement que le recouvrement des sommes dues doit être poursuivi et opéré à la diligence de l'administration de l'enregistrement et des domaines. D'après M. Chauveau, cette opinion contient une double erreur : d'abord, parce que le contentieux de l'enregistrement et des domaines appartient à la compétence judiciaire. Ensuite, la juridiction contentieuse des conseils de préfecture étant exceptionnelle, il faut une loi expresse pour qu'ils en soient saisis ; or, cette loi n'existe pas.

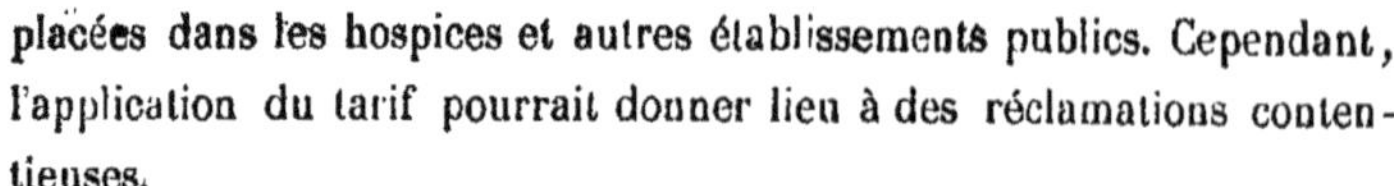

De la juridiction contentieuse des préfets.

La juridiction contentieuse des préfets a été surtout contestée. Ce pendant il n'est douteux pour personne qu'il existe des matières dans lesquelles la décision des préfets ne peut être attaquée que directement, par recours contentieux devant le conseil d'Etat. Ainsi, le fabricant à qui le préfet refuse l'autorisation d'élever un atelier insalubre de seconde classe, peut se pourvoir devant le conseil d'Etat contre cet arrêté. Du reste, l'existence de la juridiction contentieuse des préfets est reconnue par les auteurs les plus renommés et les plus compétents en cette matière. Tels sont : MM. Servigny, F. 2. p. 362; Macarel, tibunaux administratifs, Laferière, p. 608 et autres encore.

Mais si cette juridiction existe, il n'en est pas moins vrai qu'elle est exceptionnelle. Il en résulte que le préfet ne peut en être investi qu'en vertu d'une disposition expresse de la loi. Or, diverses lois qui semblent conférer aux préfets cette juridiction, ne sont pas trop claires à cause des expressions *le préfet juge a*, *le préfet arrêtera*, *le préfet décidera*, etc., etc. Cependant le conseil d'Etat a toujours repoussé les pourvois dirigés contre des arrêtés des préfets, dans les matières où il était dit seulement que le préfet *déciderait et jugerait.*

Il faut soigneusement distinguer trois sortes d'arrêtés :

1º Les arrêtés des préfets qui sont rendus par les préfets , seuls et sans l'assistance du conseil de préfecture;

2º Les arrêtés des préfets, en conseil de préfecture , après que le conseil de préfecture a été par eux consulté.

3º Les arrêtés des conseils de préfecture qui sont des décisions du conseil de préfecture lui-même.

Après cela, pour savoir dans quel cas les préfets on fait acte de juridiction contentieuse, il faut consulter les termes mêmes de la loi. Lorsque la loi s'est servie de ces expressions : *Le préfet statuera, décidera* ou *jugera, sauf recours au conseil d'Etat,* ou bien, *sauf recours devant la cour d'appel.* Il y a alors attribution de juridiction contentieuse. Par exemple, sous l'empire de l'ancienne loi électorale, le préfet avait réellement juridiction contentieuse en matière de listes électorales, puisque la loi permettait de recourir contre sa décision devant la cour d'appel.

Dans tout autre cas, on ne doit tenir aucun compte des décisions des préfets et demander justice au ministre.

Maintenant, d'après ce qui vient d'être dit, les attributions contentieuses des préfets peuvent être réduites aux points suivants :

Les préfets prononcent, comme tribunal administratif seul :

1º Lorsqu'ils accordent ou refusent les autorisations pour les ateliers insalubres de deuxième classe;

2º En ce qui concerne l'exercice de la régie chez le voisin d'un débitant ;

3º En matière de courses de chevaux ;

4º Lorsqu'ils décident qu'un moulin, situé à l'extrême frontière, sera frappé d'interdiction ;

5° Ils connaissent des difficultés sur le remplacement des matériaux enlevés pour la fouille des salpêtres.

Cette Thèse sera soutenue dans une des salles de la Faculté de Droit le

Vu par le Président de la Thèse,

DELPECH.

Toulouse , imprimerie de Lagarrigue, rue Lafayette, 45.

9 782019 994525